Sumário

Introdução 3
Por que Aprender a Investir? 4
Mitos Sobre Investimentos 4
Por Que Investir? 5
Para Que Investir? 5
Quanto Devo Investir? 6
Renda Fixa: CDB, CDI, LCI, LCA 6
CDB: O Investimento de Renda Fixa Ideal para Segurança e Rendimento 7
CDI: O Coração do Mercado Financeiro Brasileiro 9
O que é a Taxa Selic? 11
O que é LCI e suas Características 13
LCA: Investimento Seguro no Agronegócio 15
Tesouro Direto: Investimento Seguro e Acessível 18
Renda Variável: Potencial e Riscos no Mundo dos Investimentos 21
Fundos Imobiliários (FIIs) em Detalhes 25
Criptomoedas: O Novo Horizonte 29
Análise de Mercado: Fundamentos 37
Seu Caminho na Renda Variável 38
Como Começar a Investir 38
Ferramentas para Facilitar o Investimento 39
Diversificação: Por que é importante? 39
Exemplos de Carteiras Diversificadas 40
Foco no Longo Prazo 40
Como Não Entrar em Pânico com Quedas no Mercado ... 41

Renda Passiva: O Que É e Por Que É Importante? 41
Por Que Diversificar Internacionalmente? 44
Aprendizado em Investimentos...46
Como Aprofundar seus Conhecimentos 49
A Importância da Consistência e Paciência 51
Estabelecendo Metas Financeiras 51
Finanças Comportamentais 52
Conclusão 53
Agradecimentos...54

Introdução

Bem-vindo ao mundo dos investimentos! Neste livro, você encontrará um guia abrangente e acessível que desmistifica o universo financeiro e oferece as ferramentas necessárias para que você possa conquistar sua liberdade financeira. Em tempos de incerteza econômica, a importância de investir de forma inteligente nunca foi tão evidente.

Investir não é apenas para os ricos ou para aqueles que têm um conhecimento profundo sobre o mercado. Qualquer pessoa, independentemente de sua formação ou experiência, pode aprender a investir e a fazer seu dinheiro trabalhar a seu favor. Este livro é dedicado a você, que deseja entender os conceitos fundamentais dos investimentos e tomar decisões informadas que impactem positivamente sua vida financeira.

Através de uma linguagem clara e exemplos práticos, vamos explorar as diversas opções de investimento disponíveis, desde a renda fixa até a renda variável, além de discutir a psicologia que envolve o ato de investir. Você aprenderá a importância de criar uma reserva de emergência, a diferença entre poupança e investimento, e como planejar para o curto, médio e longo prazo.

Prepare-se para desmistificar mitos comuns e descobrir como pequenas mudanças em seus hábitos financeiros podem levar a grandes resultados. Ao final desta jornada, você estará mais confiante para dar os primeiros passos no mundo dos investimentos, permitindo que você alcance seus objetivos financeiros e melhore sua qualidade de vida.

Vamos começar essa jornada rumo à sua liberdade financeira!

Por que Aprender a Investir?

- **Combater a Inflação**
  Investir ajuda a proteger seu dinheiro contra a inflação, que é a perda do poder de compra. Sem investir, seu dinheiro pode valer menos no futuro.
- **Liberdade Financeira**
  Investimentos bem planejados podem ajudá-lo a alcançar a liberdade financeira, permitindo que você viva a vida que deseja sem preocupações financeiras.
- **Segurança e Qualidade de Vida**
  Ao investir, você constrói uma segurança financeira sólida, o que pode melhorar sua qualidade de vida e oferecer mais tranquilidade.

Mitos Sobre Investimentos

"Investir é Arriscado Demais"

Muitas pessoas pensam assim, mas existem investimentos para todos os perfis de risco. Com conhecimento e diversificação, você pode investir de forma segura.

"Preciso de Muito Dinheiro para Começar"

Não é verdade! Você pode começar a investir com pequenas quantias. O importante é criar o hábito e aprender os conceitos básicos.

Por Que Investir?

1 **Poupar vs. Investir**

Poupar é guardar dinheiro, enquanto investir é fazer o dinheiro trabalhar para você. Investir permite que seu patrimônio cresça mais rapidamente.

2 **Juros Compostos**

O poder dos juros compostos faz seu dinheiro crescer exponencialmente ao longo do tempo. Quanto mais cedo você começar, maior será o impacto.

3 **Crescimento Patrimonial**

Investir regularmente e reinvestir os ganhos acelera o crescimento do seu patrimônio, criando um ciclo virtuoso de prosperidade financeira.

Para Que Investir?

- **Curto Prazo**
  Objetivos como viagens, compra de eletrônicos ou reserva
- **Médio Prazo**
  Metas como compra de um carro, entrada para um imóvel ou pós-graduação.
- **Longo Prazo**
  Planejamento para aposentadoria, independência financeira ou herança para os filhos.

Quanto Devo Investir?

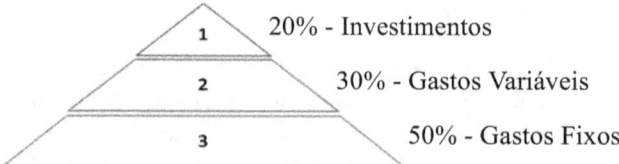

A regra 50-30-20 é uma estratégia de alocação popular para organizar suas finanças. Destine 50% da sua renda para gastos essenciais, 30% para gastos variáveis e 20% para investimentos. Esta abordagem ajuda a equilibrar suas necessidades atuais com seus objetivos futuros.

Renda Fixa: CDB, CDI, LCI, LCA

CDB (Certificado de Depósito Bancário)

Você empresta dinheiro ao banco e recebe juros. Geralmente oferece rendimento atrelado ao CDI.

CDI (Certificado de Depósito Interbancário)

É uma taxa de referência usada para remunerar diversos investimentos de renda fixa.

LCI/LCA (Letras de Crédito Imobiliário/Agrícola)

Investimentos isentos de imposto de renda para pessoa física, vinculados aos setores imobiliário e agrícola.

CDB: O Investimento de Renda Fixa Ideal para Segurança e Rendimento

O Certificado de Depósito Bancário (CDB) é um investimento de renda fixa que oferece uma combinação atraente de segurança e rentabilidade. Nesta apresentação, exploraremos o que é o CDB, como funciona, suas principais características e por que pode ser uma excelente opção para investidores conservadores e moderados.

Descubra como o CDB pode ajudar você a fazer seu dinheiro render mais do que na poupança, com a proteção do Fundo Garantidor de Crédito (FGC).

Como Funciona o CDB?

1 **Você empresta dinheiro ao banco**

Ao comprar um CDB, você está "emprestando" dinheiro para o banco, que usará esse recurso para conceder empréstimos a outras pessoas ou financiar suas operações.

2 **Você recebe juros como recompensa**

O banco paga uma taxa de rendimento, que pode ser prefixada, pós-fixada ou híbrida.

3 **Você recebe o valor aplicado + juros no vencimento**

Se o CDB tiver liquidez diária, você pode resgatar antes do prazo. Se for com vencimento fixo, o dinheiro só pode ser retirado no final do prazo.

Características Principais do CDB

- **Rendimento Competitivo**
  O CDB costuma render mais do que a poupança e, em alguns casos, pode se aproximar ou superar a inflação.
- **Tributação**
  O CDB não é isento de Imposto de Renda (IR). O imposto é cobrado sobre o rendimento, com base na tabela regressiva, variando de 22,5% a 15%.
- **Garantia**
  O CDB é protegido pelo Fundo Garantidor de Crédito (FGC) até R$ 250.000,00 por CPF e instituição financeira.

Vantagens e Cuidados ao Investir em CDB

Vantagens	Cuidados
➢ Rentabilidade maior que a poupança ➢ Variedade de prazos e condições ➢ Segurança garantida pelo FGC	➢ Verifique o prazo e a liquidez ➢ Compare taxas entre bancos e corretoras ➢ Considere o perfil de investidor adequado

O CDB é ideal para investidores conservadores e moderados que buscam segurança e rendimentos maiores que a poupança. É uma excelente opção para construir uma reserva financeira sólida e segura.

CDI: O Coração do Mercado Financeiro Brasileiro

O Certificado de Depósito Interbancário (CDI) é uma peça fundamental no quebra-cabeça do mercado financeiro brasileiro. Nesta apresentação, vamos desvendar os mistérios do CDI, explicando sua importância para investidores iniciantes e como ele impacta diretamente seus investimentos.

Prepare-se para uma jornada pelo mundo das taxas de juros, onde você aprenderá a interpretar o CDI e usá-lo a seu favor nas decisões de investimento

O que é CDI e Como Funciona?

- **Taxa de Referência**
  O CDI é a taxa que os bancos usam para empréstimos entre si, geralmente de curtíssimo prazo
- **Cálculo Diário**
  A taxa CDI é calculada diariamente, mas geralmente é expressa em termos anuais para facilitar a comparação.
- **Próximo à Selic**
  O CDI acompanha de perto a taxa Selic, ficando geralmente um pouco abaixo dela.
- **Benchmark de Investimentos**
  Serve como referência para a rentabilidade de diversos investimentos de renda fixa.

A Importância do CDI para o Investidor

Padrão de Comparação

O CDI funciona como um termômetro para avaliar o desempenho dos seus investimentos. Ele permite que você compare diferentes opções de renda fixa e determine se estão oferecendo um bom retorno.

Rentabilidade de Referência

Muitos investimentos são atrelados ao CDI, como CDBs, LCIs e LCAs. Quando um produto financeiro oferece, por exemplo, 110% do CDI, significa que ele renderá 10% a mais que a taxa CDI vigente.

CDI na Prática: Um Exemplo Concreto

- **CDI a 12% ao ano**
  Suponha que a taxa CDI esteja em 12% ao ano.
- **Investimento de R$ 10.000**
  Você decide investir R$ 10.000 em um CDB que paga 100% do CDI.
- **Cálculo do Rendimento**
  Após um ano, seu rendimento bruto será de R$ 1.200 (12% de R$ 10.000).
- **Resultado**
  Seu investimento terá crescido para R$ 11.200 antes dos impostos.

Onde o CDI Aparece no Mercado Financeiro

Renda Fixa Pós-fixada	Fundos de Investimento	Empréstimos e Financiamentos
CDBs, LCIs e LCAs frequentemente oferecem rendimento baseado em um percentual do CDI.	Muitos fundos de renda fixa e multimercado usam o CDI como benchmark de desempenho	A taxa CDI pode influenciar os custos de crédito oferecidos pelos bancos.

Entender onde o CDI aparece ajuda você a fazer escolhas mais informadas sobre seus investimentos e empréstimos.

Desmistificando o CDI: Perguntas Frequentes

O CDI é um investimento?

Não, o CDI é apenas uma taxa de referência. Você não pode investir diretamente no CDI, mas em produtos financeiros que usam o CDI como base para calcular a rentabilidade.

Como saber se um investimento atrelado ao CDI é bom?

Compare o percentual do CDI oferecido. Por exemplo, 110% do CDI é melhor que 100%. Considere também o prazo e a liquidez do investimento.

O CDI muda com frequência?

Sim, o CDI é calculado diariamente e pode variar. No entanto, grandes mudanças geralmente acompanham alterações na taxa Selic, definida pelo Banco Central.

O que é a Taxa Selic?

A Selic é uma taxa de referência para os juros cobrados em empréstimos entre bancos e também impacta diretamente os juros que você paga ou recebe em operações financeiras, como empréstimos, financiamentos e investimentos.

Ela é calculada com base nas operações diárias de compra e venda de títulos públicos federais realizadas entre bancos, para equilibrar suas contas no final do dia. Esse cálculo resulta em uma média, chamada de **Selic efetiva**, mas o Banco Central define a **Selic Meta**, que é a taxa oficial usada para guiar a política monetária.

Para que serve a Taxa Selic?

A Selic tem um papel central na economia brasileira e é utilizada para:

1. **Controlar a inflação:**
   - Quando a inflação está alta, o Banco Central pode aumentar a Selic. Isso encarece o crédito (empréstimos e financiamentos), reduz o consumo e, consequentemente, ajuda a controlar a alta dos preços.
   - Quando a inflação está baixa ou a economia precisa de estímulo, o Banco Central pode reduzir a Selic, tornando o crédito mais barato e incentivando o consumo e os investimentos.

2. **Influenciar o custo do crédito:**
   - A Selic é a base para determinar os juros cobrados em empréstimos e financiamentos. Se a Selic sobe, os juros tendem a subir, e vice-versa.

3. **Guiar os investimentos financeiros:**
   - A Selic também é usada como referência para investimentos de renda fixa, como o **Tesouro Direto** (principalmente o Tesouro Selic), **CDBs, LCIs, LCAs**, entre outros.
   - Quando a Selic está alta, investimentos de renda fixa se tornam mais atrativos; quando está baixa, os investidores podem buscar alternativas como ações ou fundos imobiliários.

4. **Estimular ou desacelerar a economia:**
   - Uma Selic mais baixa estimula o crescimento econômico, pois favorece o consumo e o investimento empresarial.
   - Uma Selic mais alta desacelera o crescimento, ao desestimular o consumo, mas pode ser necessária para manter a estabilidade econômica.

Impactos na sua vida:

- **Empréstimos e financiamentos:** Se a Selic sobe, o custo de financiamentos imobiliários, empréstimos pessoais e rotativos do cartão tende a aumentar.

- **Investimentos de renda fixa:** Com a Selic alta, aplicações como Tesouro Selic, CDB e fundos DI oferecem melhores retornos.

- **Inflação:** Uma Selic baixa pode beneficiar o consumo no curto prazo, mas, se não for bem controlada, pode resultar em inflação mais alta no longo prazo.

Decisão da Selic:

A Selic Meta é definida pelo **Comitê de Política Monetária (Copom)**, um grupo formado por diretores e membros do Banco Central que se reúne a cada 45 dias para avaliar a economia e ajustar a taxa, se necessário.

O que é LCI e suas Características

O que é LCI?

LCI (Letra de Crédito Imobiliário) é um tipo de investimento de **renda fixa**, onde você empresta dinheiro para o banco, e ele usa esses recursos para financiar atividades do setor imobiliário, como a construção ou compra de imóveis. Em troca, o banco paga juros sobre o valor investido.

Isenção de Imposto de Renda (IR)

Para pessoas físicas, o rendimento das LCIs **é isento de IR**, o que aumenta o retorno líquido.

Rendimento

Pode ser:

- **Prefixado:** Você sabe exatamente quanto vai receber no final (ex.: 10% ao ano).
- **Pós-fixado:** O rendimento é atrelado a um índice, como o CDI (ex.: 95% do CDI)
- **Híbrido:** Combina uma taxa fixa com um índice de inflação (menos comum nas LCIs).

Garantia

LCIs são protegidas **pelo Fundo Garantidor de Crédito (FGC)** até o limite **de R$ 250.000 por CPF e instituição financeira**, o que torna este investimento seguro.

Prazos e Liquidez

Geralmente, têm **prazo mínimo** de 90 dias e podem ter prazos maiores, como 2 ou 3 anos.

Algumas LCIs têm **liquidez diária** (você pode resgatar antes do vencimento), mas a maioria exige que o dinheiro fique aplicado até o fim do prazo.

Exemplo Prático e Vantagens da LCI

Exemplo Prático

João quer investir R$ 10.000 e tem duas opções:

1. **Guardar na poupança:**
    - A poupança paga aproximadamente 0,5% ao mês, o que equivale a 6% ao ano.
    - Após 2 anos, João teria **R$ 10.000 x (1 + 0,06)^2 = R$ 11.236.**

2. **Investir em uma LCI que rende 8% ao ano (isenta de IR):**
    - Após 2 anos, João teria R$ 10.000 x $(1 + 0,08)^2$ = R$ 11.664.

Diferença: Com a LCI, João ganha R$ 428 a mais que na poupança, apenas por escolher um investimento com melhor rendimento.

Vantagens da LCI

Isenção de IR: Rendimento líquido maior.

Segurança: Garantida pelo FGC.

Acessível: Disponível em corretoras e bancos, com investimentos mínimos a partir de R$ 1.000 ou R$ 5.000.

Cuidados ao Investir em LCI

- **Liquidez**
  Se você precisar do dinheiro antes do vencimento, pode não conseguir resgatar ou sofrer penalidades.
- **Rentabilidade**
  Verifique se a taxa oferecida está competitiva em relação a outros investimentos (ex.: CDB, Tesouro Direto).

LCA: Investimento Seguro no Agronegócio

A Letra de Crédito do Agronegócio (LCA) é um investimento de renda fixa que oferece uma oportunidade única de apoiar o setor agrícola enquanto se beneficia de vantagens fiscais. Nesta apresentação, exploraremos o que é a LCA, como funciona, suas características principais e por que pode ser uma opção atrativa para investidores conservadores.

O que é LCA?

- **Investimento de Renda Fixa:** Você empresta dinheiro ao banco para financiar atividades do agronegócio.
- **Isento de Imposto de Renda:** Aumenta o rendimento líquido para pessoas físicas.
- **Financiamento do Agronegócio:** Recursos usados para compra de máquinas, insumos e produção de alime.

Como a LCA Funciona?

1 **Empréstimo ao Banco**
Você investe seu dinheiro, que é repassado ao setor agrícola

2 **Recebimento de Juros**
Rendimento pode ser prefixado, pós-fixado ou híbrido

3 **Prazo Definido**
A maioria exige que o dinheiro fique aplicado até o vencimento

Características Principais da LCA

- **Isenção de IR:** Rendimentos não são tributados
- **Garantia FGC:** Proteção de até R$ 250.000 por CPF e instituição
- **Segurança:** Investimento conservador e de baixo risco
- **Prazo:** Mínimo geralmente de 90 dias

Exemplo Prático de Investimento em LCA

- **Investimento de Carla**
  - R$ 10.000 em LCA com rendimento de 8% ao ano por 2 anos.
  - Rendimento bruto: R$ 11.664.
  - Rendimento líquido: R$ 11.664 (isento de IR)
- **Comparação com CDB**
  - Mesmo valor em CDB com 10% ao ano
  - Rendimento bruto: R$ 12.100
  - Rendimento líquido: R$ 11.785 (após IR de 15%)

Vantagens da LCA

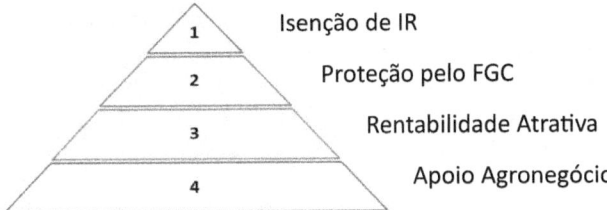

A LCA oferece uma combinação única de benefícios fiscais, segurança e apoio ao setor agrícola, tornando-a uma opção atrativa para muitos investidores.

Cuidados ao Investir em LCA

- **Liquidez**
  Verifique o prazo antes de investir, pois muitas LCAs não permitem resgate antecipado.
- **Rendimentos vs. Inflação**
  O rendimento pode não superar a inflação em períodos de alta, devido à natureza dos juros.
- **Comparação de Taxas**
  Compare opções em diferentes bancos e corretoras para obter o melhor rendimento.

Perfil do Investidor de LCA

- **Conservadores**
  Pessoas que preferem investimentos seguros e sem grandes riscos.
- **Buscadores de Isenção Fiscal**
  Ideal para quem busca maximizar os rendimentos líquidos através da isenção de IR.
- **Investidores de Médio Prazo**
  Ótimo para quem pode deixar o dinheiro investido por alguns meses ou anos.

Tesouro Direto: Investimento Seguro e Acessível

O Tesouro Direto é um programa do Governo Federal que permite às pessoas físicas investir em títulos públicos de forma simples e segura. É considerado um dos investimentos mais seguros do Brasil, pois o risco de o governo não pagar é extremamente baixo.

Ao investir no Tesouro Direto, você está "emprestando" dinheiro ao governo e, em troca, recebe juros. Esta apresentação irá explicar como funciona, os tipos de títulos disponíveis e como você pode começar a investir.

Como o Tesouro Direto Funciona

1 ### Compra de Título Público
Você adquire uma "promessa" de pagamento do governo, que se compromete a devolver o valor investido mais juros em uma data futura.

2 ### Escolha do Tipo de Título
Existem diferentes tipos de títulos para diversos objetivos (curto, médio ou longo prazo), cada um com suas próprias regras de rendimento.

3 ### Opção de Venda Antecipada
Caso necessite do dinheiro antes do prazo, é possível vender o título antecipadamente, porém o valor pode variar.

Tipos de Títulos do Tesouro Direto

- **Tesouro Selic (pós- fixado)**
  Rende de acordo com a taxa Selic. Ideal para reservas de emergência ou curto prazo. Exemplo: R$ 10.000 investidos podem render R$ 1.200 em um ano com Selic a 12%
- **Tesouro Prefixado**
  Taxa de juros fixa. Indicado para quem acredita que os juros vão cair. Exemplo: R$ 10.000 investidos a 10% ao ano por 3 anos resultam em R$ 13.310.
- **Tesouro IPCA+ (híbrido)**
  Rende uma taxa fixa + inflação (IPCA). Protege o poder de compra a longo prazo. Exemplo: Com IPCA a 4% e taxa de 5%, o rendimento total seria 9% no primeiro ano.

Passo a Passo para Investir no Tesouro Direto

1. **Abra uma conta em uma corretora ou banco**
   Escolha uma instituição habilitada para operar com o Tesouro Direto. Corretoras geralmente têm taxas menores.
2. **Acesse o site ou app da corretora**
   Visualize a lista de títulos disponíveis, com informações sobre prazos e rendimentos.
3. **Escolha o título adequado**
   Selecione entre Tesouro Selic, Prefixado ou IPCA+ de acordo com seus objetivos.
4. **Defina o valor a investir**
   Comece com valores baixos, a partir de R$ 30,00, comprando frações de títulos.
5. **Acompanhe seus investimentos**
   Monitore os rendimentos e decida sobre manter ou vender os títulos.

Vantagens do Tesouro Direto

- **Segurança**: Risco de calote muito baixo, garantido pelo governo.
- **Acessibilidade**: Comece com valores pequenos, ideal para iniciantes.
- **Diversidade**: Opções para curto, médio e longo prazo, adaptáveis aos seus objetivos
- **Liquidez**: Possibilidade de vender os títulos antes do vencimento em dias úteis.

Cuidados ao Investir no Tesouro Direto

- **Taxas e Impostos**
  Incidência de Imposto de Renda sobre os rendimentos, com base na tabela regressiva. Possível cobrança de taxa de administração pela corretora.
- **Marcação a Mercado**
  Se vender o título antes do vencimento, o preço pode variar, gerando lucro ou perda.
- **Prazo**
  Para títulos prefixados e IPCA+, é recomendado esperar até o vencimento para garantir o rendimento prometido.

Exemplo Prático: Investindo para o Futuro

➢ **Cenário**
Ana quer economizar para dar entrada em um apartamento em 5 anos. Ela decide investir R$ 10.000 em um Tesouro IPCA+ 2029, que paga 5% ao ano + inflação (IPCA).

➢ **Cálculo**
Considerando uma inflação média (IPCA) de 4% ao ano, o rendimento total seria de 9% ao ano. Após 5 anos, o valor final seria aproximadamente R$ 15.386.

Com essa estratégia, Ana consegue preservar seu poder de compra e aumentar seu dinheiro para atingir seu objetivo de comprar um apartamento.

Renda Variável: Potencial e Riscos no Mundo dos Investimentos

Bem-vindo ao mundo dinâmico da renda variável! Nesta apresentação, exploraremos os conceitos fundamentais, as oportunidades e os desafios desse tipo de investimento. Prepare-se para uma jornada pelo universo das ações, fundos imobiliários e muito mais.

Entenda como a renda variável pode impulsionar seus objetivos financeiros e aprenda a navegar com confiança nesse mercado repleto de possibilidades.

O que é Renda Variável?

- **Definição**
A renda variável é um tipo de investimento no qual os retornos não são fixos e podem variar ao longo do tempo. Diferente da renda fixa, o rendimento não é previsível ou garantido

- **Características**
  Os investimentos em renda variável têm o potencial de oferecer retornos maiores no longo prazo, mas também estão sujeitos a maiores riscos. O desempenho depende de fatores como condições de mercado, economia e desempenho da empresa ou ativo.

Principais Exemplos de Renda Variável

- **Ações:** Frações de uma empresa. Ao comprar uma ação, você se torna sócio e participa dos lucros ou prejuízos.
- **Fundos Imobiliários (FIIs):** Investimentos em imóveis ou títulos ligados ao mercado imobiliário, com rendimentos periódicos.
- **ETFs:** Fundos que replicam o desempenho de índices da bolsa de valores, como o Ibovespa.
- **Criptomoedas:** Moedas digitais descentralizadas, como Bitcoin e Ethereum, com valor variável.

Como Funciona a Renda Variável?

1. **Desempenho da Empresa**
   O lucro crescente de uma empresa tende a valorizar suas ações
2. **Cenário Econômico**
   Inflação, taxas de juros e crescimento econômico impactam os preços dos ativos.
3. **Oferta e Demanda**
   O interesse dos investidores influencia diretamente o preço dos ativos.

Como Começar a Investir em Renda Variável?

a. **Eduque-se sobre o mercado**
   Aprenda conceitos básicos como o funcionamento da bolsa de valores, análise de mercado e riscos.

b. **Abra uma conta em uma corretora**
   Escolha uma corretora de valores para ter acesso à plataforma de compra e venda de ativos.

c. **Defina seus objetivos e perfil de risco**
Avalie se você está disposto a enfrentar oscilações no curto prazo em troca de maiores ganhos futuros.

d. **Escolha os ativos**
Ações de grandes empresas, ETFs e FIIs são boas opções para iniciantes.

Vantagens da Renda Variável

- **Possibilidade de altos retornos**
No longo prazo, ações e outros ativos de renda variável geralmente superam a rentabilidade da renda fixa.

- **Diversificação**
Você pode investir em setores diferentes, empresas de outros países e até em moedas digitais.

- **Recebimento de dividendos**
Muitas empresas e FIIs pagam parte dos lucros aos investidores de forma periódica.

Desvantagens da Renda

- **Riscos maiores:** Não há garantia de lucro, e o valor dos ativos pode cair significativamente.
- **Complexidade:** São necessários mais conhecimento e acompanhamento do que na renda fixa.
- **Oscilações diárias:** O mercado pode subir e cair rapidamente, o que pode assustar investidores iniciantes.

Exemplo Prático: Investindo em Ações

- **Início**
    - João abre uma conta em uma corretora e transfere R$ 1.000.
- **Compra**
    - Ele compra 10 ações da TechBr por R$ 100 cada.
- **Após 1 ano**
    - Se a ação subir para R$ 150, o investimento valerá R$ 1.500. Se cair para R$ 80, valerá R$ 800.
- **Dividendos**
    - Se a TechBr pagar R$ 5 por ação, João receberá R$ 50, independente do preço da ação.

Dicas para Investir em Renda Variável

- ✓ **Comece pequeno**
  Invista valores menores até se sentir mais confortável com as oscilações do mercado.
- ✓ **Diversifique**
  Não coloque todo o seu dinheiro em um único ativo.
- ✓ **Tenha paciência**
  Renda variável é um jogo de longo prazo. Oscilações no curto prazo são normais.
- ✓ **Acompanhe notícias**
  O mercado é influenciado por eventos econômicos, políticos e internacionais.

A Importância da Reserva de Emergência

Investimentos de Risco

Investimentos de Médio Risco

Base: Reserva de Emergência

- ❖ **Investimentos de Risco:** Renda Variável
- ❖ **Investimentos de Médio Risco:** Renda Fixa
- ❖ **Base: Reserva de Emergência:** Liquidez e Segurança

Antes de investir em renda variável, é essencial ter uma reserva de dinheiro em renda fixa para cobrir imprevistos. Esta base sólida permite que você enfrente as oscilações do mercado com mais tranquilidade.

Fundos Imobiliários (FIIs) em Detalhes

O que são?

Os Fundos de Investimento Imobiliário (FIIs) são veículos de investimento que reúnem recursos de diversos investidores para aplicar em ativos imobiliários, como:

- **Imóveis físicos**: prédios comerciais, shopping centers, galpões logísticos, entre outros.

- **Títulos ligados ao mercado imobiliário**: como Certificados de Recebíveis Imobiliários (CRIs).

Os FIIs permitem que investidores tenham acesso ao mercado imobiliário sem a necessidade de comprar ou administrar propriedades diretamente.

Vantagens

Rendimentos Periódicos:

- Os FIIs geralmente distribuem rendimentos mensais, provenientes de aluguéis ou vendas de imóveis. Esses rendimentos são isentos de Imposto de Renda para pessoas físicas, até determinado limite.

Valorização das Cotas:

- Assim como ações, as cotas dos FIIs podem valorizar ao longo do tempo, oferecendo potencial de lucro na venda das cotas.

Diversificação:

- Os FIIs permitem que os investidores diversifiquem seus portfólios com um investimento relativamente baixo. É possível investir em diferentes tipos de imóveis e setores, diluindo riscos.

Liquidez:

- As cotas dos FIIs são negociadas na bolsa de valores, oferecendo maior liquidez em comparação com a compra direta de imóveis.

Gestão Profissional:

- Os FIIs são administrados por gestores profissionais, que cuidam da compra, venda e administração dos ativos, o que pode ser vantajoso para quem não tem experiência no mercado imobiliário.

Os FIIs são uma alternativa interessante para investidores que desejam se expor ao setor imobiliário, buscando renda passiva e potencial de valorização. Contudo, é importante considerar os riscos envolvidos, como a vacância dos imóveis e a variação nos preços das cotas. A análise cuidadosa dos fundos e de seus ativos é essencial para uma boa escolha de investimento.

ETFs: Investindo em Índices

Os Exchange-Traded Funds (ETFs) são fundos de investimento que replicam o desempenho de um índice de mercado, como o Ibovespa, S&P 500 ou outros índices setoriais. Eles são negociados na bolsa de valores, permitindo que os investidores adquiram uma fração de um portfólio diversificado de ativos com um único investimento.

Características Principais:

- **Replicação de Índices:** Cada ETF é projetado para refletir o desempenho de um índice específico, investindo nas mesmas ações que compõem esse índice, na mesma proporção.
- **Estrutura:** Os ETFs podem conter ações, títulos, commodities ou uma combinação desses ativos.

Vantagens

Diversificação

- **Investimento em Múltiplas Empresas**: Ao comprar uma cota de um ETF, o investidor adquire uma participação em todas as ações que compõem o índice. Isso proporciona diversificação instantânea, reduzindo o risco associado a investimentos em ações individuais.
- **Setores e Temas**: Existem ETFs que se concentram em setores específicos (tecnologia, saúde, energia) ou que seguem temas de investimento (sustentabilidade, inovação), permitindo uma diversificação mais estratégica.

Custo-Benefício

- **Taxas de Administração**: Os ETFs geralmente têm taxas de administração mais baixas do que os fundos mútuos tradicionais, devido à sua estrutura passiva de gestão. Isso significa que os investidores podem reter uma maior parte de seus retornos.

- **Impostos**: A estrutura tributária dos ETFs pode ser mais favorável em comparação com outros fundos, dependendo da legislação local.

Liquidez

- **Negociação em Bolsa**: Os ETFs podem ser comprados e vendidos durante o pregão da bolsa, assim como ações. Isso oferece alta liquidez e flexibilidade para os investidores que desejam entrar ou sair rapidamente de suas posições.

- **Preço em Tempo Real**: Ao contrário dos fundos mútuos, cujos preços são calculados ao final do dia, os ETFs têm preços que flutuam em tempo real, permitindo que os investidores aproveitem as variações do mercado.

Tipos de ETFs

- **ETFs de Ações**
    - **Broad Market**: Replicam índices amplos, como o Ibovespa ou o S&P 500.
    - **Setoriais**: Concentram-se em setores específicos, como tecnologia, saúde ou consumo.

- **ETFs de Renda Fixa**
    - Investem em títulos de dívida, como títulos do governo ou debêntures, visando oferecer rendimentos estáveis.

- **ETFs de Commodities**
    - Investem em ativos físicos, como ouro, petróleo ou outras commodities, permitindo exposição a esses mercados.

- **ETFs Internacionais**
    - Replicam índices de mercados estrangeiros, proporcionando aos investidores acesso a economias e ativos fora de seu país de origem.

Riscos Associados

- **Volatilidade**: Embora ofereçam diversificação, os ETFs ainda estão sujeitos à volatilidade do mercado.
- **Risco de Mercado**: A performance dos ETFs está diretamente ligada ao desempenho do índice que replicam. Se o índice cair, o ETF também perderá valor.

Os ETFs são uma ferramenta poderosa para investidores que buscam diversificação, eficiência de custos e flexibilidade. No entanto, é crucial entender os diferentes tipos de ETFs disponíveis, suas estruturas de custos e os riscos envolvidos. A análise cuidadosa e a consideração dos objetivos financeiros pessoais são essenciais para um investimento bem-sucedido em ETFs.

Criptomoedas: O Novo Horizonte

O que são Criptomoedas?

Criptomoedas são moedas digitais que utilizam tecnologia de criptografia para garantir transações seguras e controlar a criação de novas unidades. A mais conhecida é o **Bitcoin**, mas existem milhares de outras, como **Ethereum**, **Litecoin** e **Ripple**. Elas operam em uma tecnologia chamada **blockchain**, que é um registro público e descentralizado de todas as transações.

Por que é Importante Investir em Criptomoedas?

1. **Potencial de Valorização**: Historicamente, algumas criptomoedas, como o Bitcoin, tiveram uma valorização significativa ao longo do tempo. Muitos investidores veem isso como uma oportunidade de lucro.
2. **Diversificação de Investimentos**: Incluir criptomoedas em um portfólio pode ajudar a diversificar os investimentos, reduzindo o risco geral. Elas não têm uma correlação forte com ativos tradicionais, como ações e imóveis.

3. **Inovação e Tecnologia**: O investimento em criptomoedas também é um investimento em tecnologia. A blockchain e outras inovações associadas têm o potencial de revolucionar setores como finanças, saúde e logística.

Segurança

- **Tecnologia de Criptografia**: As transações em criptomoedas são protegidas por criptografia avançada, tornando difícil a falsificação ou o roubo.

- **Descentralização**: Como as criptomoedas não são controladas por um governo ou instituição financeira, isso pode aumentar a segurança contra fraudes.

No entanto, há riscos:

- **Volatilidade**: O valor das criptomoedas pode mudar drasticamente em muito pouco tempo, o que pode levar a perdas significativas.

- **Armazenamento**: As criptomoedas precisam ser armazenadas em carteiras digitais. Se você perder o acesso à sua carteira ou se ela for hackeada, pode perder suas moedas.

Vantagens

1. **Acessibilidade**: Qualquer pessoa com acesso à internet pode comprar criptomoedas, independentemente de sua localização ou situação financeira.

2. **Transações Rápidas e Baratas**: Transações com criptomoedas podem ser mais rápidas e mais baratas em comparação com transferências bancárias tradicionais.

3. **Potencial de Alta Rentabilidade**: Embora arriscado, o potencial de ganhos significativos é atraente para muitos investidores.

Desvantagens

1. **Risco de Perda**: A volatilidade pode levar a perdas rápidas e significativas. É possível que o valor da criptomoeda caia drasticamente.
2. **Regulamentação**: O ambiente regulatório para criptomoedas ainda está em desenvolvimento, e mudanças nas leis podem impactar o mercado.
3. **Falta de Proteção**: Ao contrário dos bancos tradicionais, as criptomoedas não têm um sistema de proteção ao consumidor, como o seguro de depósitos.

Como Investir em Criptomoedas

1. **Escolha uma Plataforma de Negociação**: Existem várias exchanges (plataformas de negociação) onde você pode comprar e vender criptomoedas, como Binance, Coinbase e Mercado Bitcoin.
2. **Crie uma Conta**: Após escolher uma exchange, você precisará criar uma conta, que geralmente envolve fornecer algumas informações pessoais e verificar sua identidade.
3. **Adicione Fundos**: Você pode adicionar dinheiro à sua conta por meio de transferências bancárias ou cartões de crédito.
4. **Compre Criptomoedas**: Depois de financiar sua conta, você pode começar a comprar criptomoedas. É recomendável começar com uma pequena quantia.
5. **Armazene com Segurança**: Após a compra, considere transferir suas criptomoedas para uma carteira digital segura, em vez de deixá-las na exchange.

Quando Investir?

- **No Momento Certo**: Não existe um "melhor momento" universal para investir em criptomoedas. A decisão deve ser baseada em sua pesquisa, tolerância ao risco e situação financeira.

- **Com uma Perspectiva de Longo Prazo**: Muitos investidores acreditam que as criptomoedas têm potencial a longo prazo, então é importante estar preparado para segurá-las durante períodos de volatilidade.

Criptomoedas com Potencial de Crescimento

Bem-vindos a esta apresentação sobre as principais criptomoedas que se destacam no atual ciclo de altas. Neste livro, exploraremos dez criptomoedas promissoras, analisando suas características únicas, capitalização de mercado e total em circulação.

Prepare-se para uma jornada pelo fascinante mundo das criptomoedas, onde a inovação e o potencial de crescimento andam de mãos dadas.

As Gigantes do Mercado: Bitcoin e Ethereum

- **Bitcoin (BTC)**
    - A primeira e mais conhecida criptomoeda, Bitcoin é frequentemente vista como a "reserva de valor" do mercado cripto.
    - Market Cap: Aproximadamente $500 bilhões
    - Total em Circulação: 19 milhões BTC
- **Ethereum (ETH)**
    - A plataforma de contratos inteligentes mais popular, essencial para DeFi e NFTs.
    - Market Cap: Aproximadamente $220 bilhões
    - Total em Circulação: 120 milhões ETH

Interoperabilidade e Velocidade: Polkadot e Solana

- **Polkadot (DOT)**
    - Plataforma que permite a interoperabilidade entre diferentes blockchains, facilitando a troca de informações e ativos.
    - Market Cap: $12.9 bilhões
    - Total em Circulação: 1.5 mil milhões de DOT
- **Solana (SOL)**
    - Conhecida por sua alta velocidade de transações e baixos custos, é uma plataforma popular para dApps.

- Market Cap: Aproximadamente $10 bilhões
- Total em Circulação: 400 milhões SOL

Inovação em Usabilidade e Escalabilidade

- **Near Protocol (NEAR)**
  - Foca na usabilidade e escalabilidade, oferecendo uma experiência amigável para desenvolvedores.
  - Market Cap: Aproximadamente $3 bilhões
  - Total em Circulação: 1 Bilhão NEAR
- **Arbitrum (ARB)**
  - Uma solução de escalabilidade para Ethereum, que visa reduzir taxas e aumentar a velocidade de transações.
  - Market Cap: Aproximadamente $1 bilhão
  - Total em Circulação: 1 Bilhão ARB
- **Aptos (APT)**
  - Focado em escalabilidade e segurança, Aptos é uma plataforma para dApps de alta performance.
  - Market Cap: Aproximadamente $2 bilhões
  - Total em Circulação: 1 bilhão APT
- **Cardano (ADA): Pesquisa e Desenvolvimento**
  - **Abordagem Baseada em Pesquisa**
    Cardano é conhecida por sua metodologia científica no desenvolvimento blockchain.
  - **Foco em Escalabilidade**
    Busca resolver problemas críticos de escalabilidade no ecossistema cripto.
  - **Sustentabilidade**
    Comprometida com soluções sustentáveis e de longo prazo para blockchain.
  - Market Cap: Aproximadamente $9 bilhões
  - Total em Circulação: 45 bilhões ADA

- **Chainlink (LINK): Conectando Blockchain ao Mundo Real**
  - **Dados do Mundo Real**
    Conecta contratos inteligentes com informações externas confiáveis.

- - Segurança
    Fornece uma camada adicional de segurança para transações em blockchain.
  - Rede Descentralizada
    Utiliza uma rede de nós para garantir a confiabilidade dos dados.
  - Market Cap: Aproximadamente $3 bilhões
  - Total em Circulação: 1 bilhão LINK

- **Litecoin: A Prata Digital**
  - **Criação**
    Desenvolvida como uma versão mais leve do Bitcoin.
  - **Velocidade**
    Oferece transações mais rápidas que o Bitcoin.
  - **Custo**
    Taxas de transação menores, tornando-a mais acessível.
  - Market Cap: Aproximadamente $7 bilhões
  - Total em Circulação: 84 milhões LTC

Esta visualização mostra a diferença significativa entre as principais criptomoedas em termos de capitalização de mercado, destacando o domínio do Bitcoin e Ethereum.

O total em circulação varia significativamente entre as criptomoedas, influenciando sua escassez e potencial valorização.

Como Avaliar a Escassez e o Potencial de Valorização de Criptomoedas

Para entender a escassez e o potencial de valorização de uma criptomoeda, é importante considerar vários fatores. Aqui estão as principais métricas e aspectos a serem analisados:

1. **Oferta Total e Circulante**
   a. **Oferta Total:** Refere-se ao número máximo de moedas que podem ser criadas. Moedas com um limite fixo, como o Bitcoin (21 milhões), tendem a ser vistas como mais escassas.

b. **Oferta Circulante:** É o número de moedas atualmente em circulação e disponíveis para negociação. A relação entre a oferta total e a oferta circulante pode indicar a escassez.

2. **Modelo de Emissão**
   a. **Método de Mineração:** Algumas criptomoedas, como o Bitcoin, são mineradas, o que significa que novas moedas são geradas através de um processo que resolve problemas matemáticos. A dificuldade de mineração e a redução de recompensas (halving) afetam a oferta futura.
   b. **Modelos de Emissão Pré-Definidos:** Outras moedas podem ter um modelo de emissão diferente, como a distribuição inicial (ICO) ou a emissão contínua. Entender como novas moedas são introduzidas no mercado é crucial para avaliar a escassez.

3. **Demanda do Mercado**
   a. **Adoção:** Quanto mais uma criptomoeda for adotada, maior será a demanda por ela. Fatores como parcerias, uso em aplicativos e aceitação por comerciantes podem indicar potencial de valorização.
   b. **Comunidade e Desenvolvimento:** Uma comunidade ativa e um desenvolvimento contínuo podem aumentar a confiança no projeto e a demanda por suas moedas.

4. **Utilidade e Casos de Uso**
   a. **Funcionalidade:** Criptomoedas que oferecem soluções reais ou têm utilidade prática (como contratos inteligentes no Ethereum) tendem a ter um maior potencial de valorização.
   b. **Inovação:** Projetos que introduzem novas tecnologias ou abordagens no espaço das criptomoedas podem ter um grande potencial de crescimento.

5. **Análise Técnica e Fundamental**
    a. **Análise Técnica:** Avalia gráficos de preços e volumes de negociação para identificar tendências. Isso pode ajudar a prever movimentos de preços no curto prazo.
    b. **Análise Fundamental:** Examina a equipe por trás da criptomoeda, o whitepaper, parcerias, e o problema que a moeda está tentando resolver. Um projeto sólido com uma missão clara tende a ter um melhor potencial.
6. **Concorrência**
    a. **Comparação com Outras Criptomoedas:** Avalie como a criptomoeda se posiciona em relação a seus concorrentes. Se existir uma criptomoeda com características semelhantes, entender suas diferenças pode ajudar a avaliar a escassez e o potencial de valorização.
7. **Sentimento do Mercado**
    a. **Notícias e Eventos:** Fique atento ao que está acontecendo no mercado de criptomoedas. Anúncios de regulamentação, atualizações de tecnologia e eventos de mercado podem influenciar a percepção sobre a escassez e o valor das criptomoedas.
8. **Aspectos Regulatório e Legal**
    a. **Regulamentação:** O ambiente regulatório pode impactar a valorização. Criptomoedas que enfrentam menos incertezas regulatórias podem ser vistas como investimentos mais seguros.

Avaliar a escassez e o potencial de valorização de criptomoedas envolve uma análise detalhada de vários fatores. É importante realizar uma pesquisa abrangente e considerar tanto aspectos quantitativos quanto qualitativos. Sempre tenha em mente que o investimento em criptomoedas é arriscado e deve ser feito com cautela.

Próximos Passos

- **Pesquisa Aprofundada**
  Continue investigando cada criptomoeda para entender seus fundamentos e potencial de longo prazo.
- **Monitoramento de Mercado**
  Acompanhe as tendências e notícias que podem impactar o desempenho dessas criptomoedas.
- **Diversificação**
  Considere uma estratégia de investimento diversificada para mitigar riscos no volátil mercado de criptomoedas.

Lembre-se: o mercado de criptomoedas é dinâmico e cheio de oportunidades, mas também de riscos. Invista com sabedoria e sempre dentro de seus **limites financeiros**.

Não é Dica de Investimento: Esses dados são exclusivos do ano de 2024 e não devem ser interpretados como recomendação de investimento. Para investir de maneira segura, é essencial estudar continuamente o mercado e diversificar seus investimentos.

Análise de Mercado: Fundamentos

Análise Fundamentalista

Estuda os fundamentos econômico-financeiros das empresas, como balanços, lucros e perspectivas de crescimento. É útil para identificar empresas sólidas e com potencial de valorização no longo prazo.

Análise Técnica

Baseia-se no estudo de gráficos e padrões de preços para prever movimentos futuros. É muito utilizada por traders que buscam oportunidades de curto prazo no mercado.

Seu Caminho na Renda Variável

Educação Contínua

Mantenha-se sempre atualizado sobre o mercado e as empresas em que investe.

Diversificação Inteligente

Distribua seus investimentos entre diferentes ativos e setores para reduzir riscos.

Planejamento de Longo Prazo

Estabeleça objetivos claros e mantenha-se fiel à sua estratégia, mesmo em momentos de volatilidade.

A renda variável oferece um mundo de oportunidades para quem está disposto a aprender e assumir riscos calculados. Com conhecimento, disciplina e paciência, você pode construir um portfólio sólido e alcançar seus objetivos financeiros.

Como Começar a Investir

- ❖ **Monte sua Reserva de Emergência**
  Antes de iniciar seus investimentos, crie uma reserva de emergência equivalente a 3-6 meses de suas despesas mensais.
- ❖ **Defina seu Perfil de Investidor**
  Identifique se você é conservador, moderado ou agressivo. Isso ajudará a escolher os investimentos mais adequados ao seu perfil de risco.
- ❖ **Eduque-se Constantemente**
  Invista em conhecimento. Leia livros, participe de cursos e acompanhe notícias sobre o mercado financeiro.

Ferramentas para Facilitar o Investimento

Corretoras

Plataformas que permitem acesso a diversos tipos de investimentos, oferecendo análises e ferramentas educacionais.

Bancos Digitais

Oferecem contas com taxas reduzidas e acesso fácil a produtos de investimento.

Aplicativos de Investimento

Facilitam o acompanhamento e a gestão da sua carteira de investimentos através do smartphone.

Simuladores

Permitem projetar resultados de diferentes estratégias de investimento sem risco real.

Diversificação: Por que é importante?

A diversificação é crucial para reduzir riscos e otimizar retornos. Ao não colocar "todos os ovos na mesma cesta", você protege seu patrimônio contra flutuações de mercado e eventos imprevisíveis.

- **Equilíbrio:** Balanceia riscos e retornos entre diferentes classes de ativos.
- **Proteção:** Reduz o impacto de quedas em setores ou ativos específicos.
- **Oportunidades:** Permite aproveitar o crescimento em diferentes setores e mercados.

Exemplos de Carteiras Diversificadas

Perfil Conservador

- 70% Renda Fixa
- 20% Fundos Multimercado
- 10% Ações

Perfil Moderado

- 50% Renda Fixa
- 30% Ações
- 15% Fundos Imobiliários
- 5% Criptomoedas

Perfil Agressivo

- 30% Ações
- 25% Fundos Imobiliários
- 20% Renda Fixa
- 15% Criptomoedas
- 10% Investimentos no Exterior

Foco no Longo Prazo

Superando a Volatilidade

Investimentos de longo prazo tendem a superar flutuações de curto prazo, proporcionando resultados mais consistentes.

Poder dos Juros Compostos

Quanto mais tempo seu dinheiro fica investido, maior o efeito dos juros compostos, potencializando seus ganhos.

Redução do Estresse

Foco no longo prazo ajuda a evitar decisões emocionais baseadas em flutuações temporárias do mercado.

Como Não Entrar em Pânico com Quedas no Mercado

Mantenha a Perspectiva

Lembre-se que quedas fazem parte do ciclo normal do mercado. Historicamente, o mercado tende a se recuperar e crescer no longo prazo.

Revise seu Plano

Verifique se sua estratégia ainda está alinhada com seus objetivos de longo prazo. Se sim, mantenha o curso.

Oportunidade de Compra

Quedas no mercado podem representar oportunidades para comprar ativos a preços mais baixos.

Busque Conhecimento

Eduque-se sobre os fatores que influenciam o mercado para tomar decisões mais informadas.

Renda Passiva: O Que É e Por Que É Importante?

Renda passiva é o dinheiro que você recebe regularmente sem a necessidade de trabalho ativo. Isso significa que, uma vez que o investimento é feito, ele pode continuar a gerar receita sem que você precise estar diretamente envolvido na sua gestão diária. Essa forma de renda é fundamental para aumentar sua segurança financeira e pode, em última instância, substituir sua renda principal.

Importância da Renda Passiva

- **Fluxos de Caixa Adicionais**: A renda passiva cria uma entrada de dinheiro que pode ser utilizada para cobrir despesas, investir em novos projetos, ou simplesmente aumentar sua qualidade de vida.

- **Segurança Financeira**: Ter múltiplas fontes de renda reduz a dependência de um único emprego ou fonte de renda, aumentando sua resiliência financeira em tempos de crise.

- **Liberdade Financeira**: Aumentar a renda passiva pode permitir que você se aposente mais cedo, viaje mais, ou dedique tempo a hobbies e interesses pessoais.

Principais Fontes de Renda Passiva

- ❖ **Dividendos**
    - **O que são**: Dividendos são pagamentos regulares feitos por empresas aos seus acionistas, geralmente como uma parte dos lucros.
    - **Como funciona**: Ao comprar ações de empresas que pagam dividendos, você pode receber um pagamento periódico (mensal, trimestral ou anual) apenas por possuir essas ações.
    - **Exemplo**: Se você possui 100 ações de uma empresa que paga R$2,00 de dividendo por ação, você receberá R$200,00 a cada pagamento.

- ❖ **Juros**
    - **O que são:** Juros são os rendimentos gerados por investimentos em renda fixa, como títulos, CDBs (Certificados de Depósito Bancário) e contas de poupança.
    - **Como funciona:** Quando você investe em renda fixa, empresta seu dinheiro a uma instituição financeira ou governo, e em troca, recebe juros sobre o valor investido.
    - **Exemplo:** Se você investir R$10.000 em um título que paga 6% ao ano, você receberá R$600,00 em juros ao longo do ano.

- ❖ **Aluguéis**
    - o **O que é**: Renda proveniente de propriedades alugadas, como apartamentos ou imóveis comerciais.
    - o **Como funciona**: Ao alugar um imóvel, você recebe pagamentos mensais dos inquilinos.
    - o **Exemplo**: Se você possui um imóvel que é alugado por R$1.500 por mês, essa quantia se torna uma fonte de renda passiva.

Simulação de Carteira Geradora de Renda Passiva

1. **Ano 1**
   Investimento inicial: R$50.000. Renda mensal: R$250
2. **Ano 5**
   Patrimônio: R$100.000. Renda mensal: R$500
3. **Ano 10**
   Patrimônio: R$200.000. Renda mensal: R$1.000
4. **Ano 20**
   Patrimônio: R$500.000. Renda mensal: R$2.500

Rendimento Médio: A simulação considera um rendimento médio de 6% ao ano, com reinvestimento parcial dos ganhos. Os valores são ilustrativos e podem variar de acordo com as condições de mercado e estratégias de investimento.

Reinvestimento: Reinvestir uma parte dos ganhos pode acelerar o crescimento do patrimônio e, consequentemente, aumentar a renda passiva ao longo do tempo.

Estratégias para Construir Renda Passiva

- **Investir em Ações que Pagam Dividendos**: Procure empresas sólidas que ofereçam dividendos consistentes e crescentes.
- **Diversificar em Renda Fixa**: Inclua uma variedade de produtos de renda fixa em sua carteira para gerar juros regulares.
- **Investir em Imóveis**: Considere comprar propriedades para alugar e gerar renda mensal.

- **Criar Produtos Digitais**: Considere desenvolver e vender produtos digitais, como e-books ou cursos online, que podem gerar renda contínua.
- **Utilizar Fundos Imobiliários (FIIs)**: Os FIIs permitem que você invista em imóveis sem precisar comprá-los diretamente, recebendo rendimentos de aluguéis.

A renda passiva é uma poderosa estratégia financeira que pode ajudar a alcançar a independência financeira e proporcionar segurança a longo prazo. Ao diversificar suas fontes de renda e investir estrategicamente, você pode construir um fluxo de caixa que complementa sua renda ativa e melhora sua qualidade de vida. É importante fazer uma pesquisa cuidadosa e considerar suas metas financeiras antes de iniciar sua jornada de investimento em renda passiva.

Por Que Diversificar Internacionalmente?

Diversificar internacionalmente significa investir em diferentes mercados e ativos fora do seu país. Aqui estão algumas razões simples para considerar essa estratégia:

1. **Redução de Risco**
    a. **Minimiza Impactos Locais:** Se a economia do seu país enfrenta dificuldades, investimentos internacionais podem ajudar a proteger seu portfólio. Se um mercado cair, outros podem estar se saindo bem.
2. **Acesso a Oportunidades**
    a. **Mercados em Crescimento:** Investir em países em desenvolvimento pode oferecer oportunidades de crescimento que não estão disponíveis em mercados maduros.
    b. **Setores Diferentes:** Alguns setores podem ser mais fortes em outros países (como tecnologia na Califórnia ou energia limpa na Europa).

3. **Diversificação de Moedas**
    a. **Proteção contra Flutuações Cambiais:** Investir em diferentes moedas pode proteger seu patrimônio contra a desvalorização da moeda local
4. **Aumento do Potencial de Retorno**
    a. **Diferentes Ciclos Econômicos:** Mercados internacionais podem ter ciclos econômicos diferentes, permitindo que você se beneficie de crescimento em várias partes do mundo.
5. **Maior Variedade de Investimentos**
    a. **Acesso a Novas Empresas:** Investindo internacionalmente, você pode investir em empresas que não estão disponíveis em seu país, aumentando suas opções.

Diversificar internacionalmente é uma maneira eficaz de proteger seus investimentos, acessar novas oportunidades e potencialmente aumentar seus retornos. É uma estratégia que pode ajudar a construir um portfólio mais robusto e resiliente.

Opções de Investimento no Exterior

ETFs Internacionais

Fundos negociados em bolsa que replicam índices de mercados estrangeiros, oferecendo diversificação com uma única compra.

Ações de Empresas Globais

Investimento direto em ações de grandes empresas internacionais, permitindo exposição a marcas reconhecidas mundialmente.

Criptomoedas e Stablecoins

Ativos digitais que oferecem exposição global e, no caso das stablecoins, estabilidade em relação a moedas fortes como o dólar.

Erros Comuns e Como Evitá-los

❖ **Não Começar Cedo**

Solução: Comece hoje, mesmo que com pequenas quantias. O tempo é seu maior aliado nos investimentos.
- ❖ **Seguir "Dicas Quentes" sem Pesquisa**
  Solução: Faça sua própria pesquisa e entenda no que está investindo antes de tomar decisões.
- ❖ **Falta de Diversificação**
  Solução: Distribua seus investimentos entre diferentes classes de ativos e setores.
- ❖ **Vender na Baixa por Medo**
  Solução: Mantenha o foco no longo prazo e evite decisões emocionais baseadas em flutuações de curto prazo.

Aprendizado em Investimentos

Fundamentos

Importância de Investir

Investir é crucial para construir riqueza e garantir a segurança financeira a longo prazo. Ao investir, você coloca seu dinheiro para trabalhar, potencialmente aumentando seu patrimônio e ajudando a atingir objetivos financeiros, como aposentadoria, compra de uma casa ou educação dos filhos.

Tipos Básicos de Investimentos

- **Ações**: Participações em empresas, que podem oferecer dividendos e valorização do capital.
- **Renda Fixa**: Títulos e investimentos que oferecem juros fixos, como debêntures, CDBs e títulos do governo.
- **Fundos Imobiliários (FIIs)**: Investimentos em imóveis que geram renda através de aluguéis.
- **Criptomoedas**: Moedas digitais que oferecem potencial de valorização, mas também apresentam alta volatilidade.

Como Começar

- **Defina seus Objetivos**: Determine o que você deseja alcançar com seus investimentos.
- **Estabeleça um Orçamento**: Decida quanto dinheiro você pode investir regularmente.
- **Eduque-se**: Aprenda sobre os diferentes tipos de investimentos e como funcionam.

Estratégias

- **Diversificação**
  A diversificação envolve espalhar seus investimentos em diferentes ativos para reduzir riscos. Ao diversificar, você protege seu portfólio contra a volatilidade de um único ativo ou setor.
- **Foco no Longo Prazo**
  Investir com uma perspectiva de longo prazo ajuda a suavizar as flutuações do mercado e a evitar decisões impulsivas. Com o tempo, o mercado tende a valorizar e a proporcionar retornos mais consistentes.
- **Importância da Renda Passiva**
  A renda passiva permite que você ganhe dinheiro sem precisar trabalhar ativamente. Isso pode ser alcançado através de dividendos de ações, aluguéis de imóveis ou juros de investimentos em renda fixa. Ter fontes de renda passiva pode aumentar sua segurança financeira e oferecer mais liberdade.

Avançado

- **Investimentos Internacionais**
  Investir em mercados internacionais oferece acesso a novas oportunidades e setores que podem não estar disponíveis no seu país. Isso também ajuda a diversificar o risco e a potencializar os retornos, aproveitando o crescimento econômico em diferentes partes do mundo.

Evitar Erros Comuns

- **Não Fazer Pesquisa**: Investir sem entender o ativo ou o mercado pode levar a perdas.

- **Reagir a Flutuações do Mercado**: Tomar decisões emocionais com base em movimentos de curto prazo pode ser prejudicial.

- **Negligenciar o Planejamento Financeiro**: Não ter um plano claro pode resultar em investimentos desorganizados e mal direcionados.

Lembre-se

Investir é uma jornada de aprendizado contínuo. O mercado está em constante evolução, e novas oportunidades surgem regularmente. Continue a se educar, ler sobre finanças, acompanhar notícias do mercado e adaptar suas estratégias conforme seu conhecimento e objetivos evoluem. A paciência e a disciplina são fundamentais para o sucesso a longo prazo nos investimentos.

Como Aprofundar seus Conhecimentos

Livros

- "Pai Rico, Pai Pobre" de Robert Kiyosaki,
- "O Investidor Inteligente" de Benjamin Graham.
- "O Homem Mais Rico da Babilônia" de George s. Clason
- **Criptomoedas**
    - "A Criptoeconomia" de Fernando Ulrich
    - "Mastering Bitcoin" de Andreas M. Antonopoulos
    - "O Investidor de Criptomoedas" de Léonard de Maziroff
- **Renda Fixa**
    - "O Mercado de Renda Fixa" de Alexandre Assaf Neto
    - "Investimentos: Como Administrar Melhor Seu Dinheiro" de José Kobori
    - "O Tesouro Direto: O Guia Completo" de Danilo Bastos
- **Renda Variável**
    - "O Jeito Warren Buffett de Investir" de Robert G. Hagstrom
    - "A Bolsa para Iniciantes" de Flávio Lemos
    - "Investindo em Ações" de Décio Bazin

Cursos Online

- **Criptomoedas**
    - "Criptomoedas e Blockchain: O Futuro das Finanças" - Udemy
    - "Bitcoin and Cryptocurrency Technologies" - Coursera (Princeton University)
    - "Crypto Trading & Investing for Beginners" – Udemy

- **Renda Fixa**
  - "Como Investir em Renda Fixa" - XP Educação
  - "Tesouro Direto para Iniciantes" - Educacional da B3
  - "Investindo em Renda Fixa" - Fundação Getúlio Vargas (FGV)
- **Renda Variável**
  - "Investindo em Ações: Fundamentos e Estratégias" - Udemy
  - "Ações e Fundos Imobiliários: Como Montar uma Carteira de Investimentos" Investopedia Academy
  - "Introdução ao Mercado de Ações" - Coursera (University of Michigan)
- **Diversos**
  - "Curso Completo de Finanças Pessoais" - Fundação Getúlio Vargas (FGV)
  - "Planejamento e Gestão de Investimentos" - Udemy
  - "Mestre dos Investimentos" - Samy Dana (Coursera)

Mentoria

Busque orientação de profissionais experientes ou participe de grupos de estudo sobre investimentos.

A Importância da Consistência e Paciência

1. Sucesso
2. Crescimento
3. Aprendizado
4. Consistência
5. Paciência

O sucesso nos investimentos é construído sobre uma base de paciência e consistência. Mantenha-se fiel à sua estratégia, invista regularmente e não se deixe abalar por flutuações de curto prazo. Com o tempo, você verá os resultados do seu comprometimento e disciplina.

Estabelecendo Metas Financeiras

Defina Objetivos Claros

Estabeleça metas específicas e mensuráveis para curto, médio e longo prazo.

Crie um Plano de Ação

Determine os passos necessários para alcançar cada meta, incluindo valores a investir e prazos.

Monitore e Ajuste

Revise regularmente seu progresso e faça ajustes conforme necessário.

Lembre-se: metas bem definidas são essenciais para manter o foco e a motivação em sua jornada de investimentos.

Finanças Comportamentais

Entenda suas Emoções

- ❖ **Medo**
  Pode levar a vender investimentos prematuramente durante quedas de mercado.
- ❖ **Ganância**
  Pode resultar em riscos excessivos ou investimentos em "modas" sem fundamento.
- ❖ **Excesso de Confiança**
  Pode levar a subestimar riscos e diversificar inadequadamente.
- ❖ **Viés de Confirmação**
  Tendência a buscar informações que confirmem crenças pré-existentes, ignorando dados contrários.

Reconhecer e gerenciar suas emoções é crucial para tomar decisões de investimento mais racionais e eficazes.

Conclusão

Ao longo deste livro, exploramos os fundamentos dos investimentos, desmistificamos conceitos e abordamos a importância de iniciar sua jornada financeira. Investir não é apenas uma maneira de fazer seu dinheiro crescer; é uma ferramenta poderosa para conquistar a liberdade financeira e garantir um futuro mais seguro e estável.

Lembre-se de que o conhecimento é seu maior aliado. Ao entender as diferentes opções de investimento — desde renda fixa até renda variável — e ao aplicar princípios como a diversificação e a disciplina, você estará melhor preparado para enfrentar os desafios do mercado financeiro. A educação financeira não termina aqui; ela é um processo contínuo que requer curiosidade e adaptação às mudanças.

À medida que você se aventura no mundo dos investimentos, tenha em mente que cada pequeno passo conta. Comece com o que você pode, e gradualmente, à medida que ganha confiança e experiência, amplie suas estratégias. Não tenha medo de buscar informações, consultar profissionais e aprender com suas experiências.

Por fim, lembre-se de que investir é uma jornada pessoal. Cada decisão deve refletir seus objetivos e perfil de risco. Com paciência e perseverança, você pode transformar seus sonhos financeiros em realidade. Agora é a sua vez de agir. Dê o primeiro passo e descubra o potencial que o investimento pode trazer para a sua vida.

Obrigado por nos acompanhar nesta jornada. Que seu futuro financeiro seja próspero e gratificante!

Agradecimentos

Gostaria de expressar minha profunda gratidão a todos que contribuíram para a realização deste livro.

Primeiramente, agradeço aos meus familiares e amigos pelo suporte incondicional e pela motivação constante ao longo deste projeto. Sua crença em mim foi fundamental para que eu pudesse seguir em frente.

Agradeço também aos especialistas e profissionais do mercado financeiro que compartilharam seu conhecimento e experiência, proporcionando uma base sólida para o conteúdo apresentado. Suas dicas e orientações foram essenciais para desmistificar temas complexos e torná-los acessíveis.

Um agradecimento especial vai para os leitores, cuja curiosidade e desejo de aprender inspiraram a criação deste guia. Espero que as informações aqui contidas ajudem você a conquistar sua liberdade financeira.

Por fim, agradeço a todos que, de alguma forma, participaram deste processo, seja com feedback, incentivo ou apoio. Sem vocês, este livro não seria possível.

Muito obrigado!

www.ingramcontent.com/pod-product-compliance
Lightning Source LLC
Chambersburg PA
CBHW070940220526
45469CB00007B/2462